AF230217

DES

GOUVERNEMENTS COLONIAUX

Au nombre des institutions atteintes par la révolution du 4 septembre, et dont la restauration est attendue, dans un avenir prochain, du pouvoir actuel, on doit compter le régime politique de nos établissements d'outre-mer.

Un intérêt de premier ordre pour notre commerce extérieur, et surtout pour notre marine, tant militaire que marchande, nous fait un devoir de conserver ces établissements à la France en maintenant dans leur sein la tranquillité publique, et, en même temps d'aider au développement de leur prospérité par la mise en valeur des éléments de richesse qu'ils renferment.

Pour cela, il faut organiser sagement l'administration intérieure des colonies et leurs rapports avec la métropole. Mais le problème que ces quelques mots présentent à résoudre, est malaisé; la matière en est vaste, compliquée et mal connue. Nous ne pourrons ici qu'en indiquer les données principales, en raison de l'exiguité de l'espace qu'un journal peut consacrer à une pareille étude; nous espérons cependant que ce travail sommaire ne sera pas sans utilité.

A la vérité, il existe une école qui prétend supprimer les difficultés de la question coloniale, en appliquant à nos possession lointaines la Constitution et les lois françaises, sans exception ; système d'une parfaite simplicité, comme on le voit.

Cette école, déjà ancienne, et que l'expérience de ses doctrines a toujours fait condamner, loin de perdre courage, reparaît plus audacieuse à chaque révolution. C'est elle qui a inspiré la constitution coloniale de fructidor an V, qui a triomphé de nouveau en 1848, et qui prévaut encore actuellement : l'école de l'assimilation. C'est à elle qu'est dû le décret de la délégation de Bordeaux, ordonnant la nomination aux colonies, par le suffrage universel, des conseils municipaux, des conseils généraux, voire même de représentants à l'Assemblée nationale, venant de tous les points de l'horizon colonial, non-seulement des Antilles (Martinique et Guadeloupe) et de la Réunion, mais encore de Cayenne, de Pondichéry, du Sénégal, etc.

Ce décret qui, pour le dire en passant, n'intéressait guère la défense nationale, et n'avait ainsi ni légalité, ni opportunité, est soumis aujourd'hui à la révision du gouvernement, ce qui donne à cette critique une véritable actualité.

Evidemment, dès que l'on est allé ainsi du premier bond aux conséquences politiques extrêmes du principe de l'assimilation, on ne pourra pas se refuser à ses applications secondaires si les autres sont maintenues. L'administration coloniale tout entière devra être organisée comme en France ; la législation financière, militaire, tout le droit, en un mot, de la métropole sera appliqué aux colonies par une nécessité de logique. S'il en était autrement, à quel titre les députés de ces divers pays prendraient-ils part à la confection des lois générales faites seulement pour la France ; et, d'un autre côté, à quoi bon envoyer ces députés siéger dans une assemblée où leur rôle se réduirait à participer de loin en loin aux dispositions législatives spéciales concernant les intérêts de leurs électeurs?

Du reste, les partisans de l'assimilation des colonies à la métropole ne reculent pas devant les exigences de leurs prémisses. Qu'importent, en effet, disent-ils, les obstacles résultant de l'éloignement ? Un réseau télégraphique sous-marin, en voie de réalisation prochaine, en aura bientôt raison. Qu'importe même la différence des races, des circonstances, etc. ? Une législation uniforme et le progrès des mœurs par la liberté auront bien vite établi leur niveau égalitaire sur des habitants qui sont tous Français après tout, et Français libres. Et, de fait, joignant la pratique à la théorie, les députés des colonies discutent, votent sur toutes les matières ; on a vu un de ces honorables s'immiscer avec ardeur dans les débats relatifs à l'insurrection parisienne du 18 mars ; et, plus tard, s'aventurer jusqu'à demander la levée de l'état de siége. On en a vu un autre prendre à cette insurrection une part, hélas ! trop active ; les uns et les autres, enfin, on les voit chaque jour s'identifier à toutes les questions à l'ordre du jour de l'Assemblée nationale, politiques ou non, même les plus étrangères aux populations qu'ils représentent. A la séance du 10 août, ils ont voté, les uns pour, les autres contre (1). C'est la folie des novateurs révolutionnaires, quand ils sont au pouvoir, d'étendre sur une espèce de lit de Procuste tous les

____

(1) Le projet de loi organique départementale. Les deux députés de la Martinique se sont même divisés sur ce vote, et se sont ainsi annulés l'un l'autre. *Ab uno disce omnes !...*

pays soumis à leur autorité d'un jour; de ne point prendre en considération les temps, les lieux, les mœurs et la tendance des esprits; d'appliquer enfin partout leurs théories radicales, ne s'inquiétant point de savoir si le terrain est bien préparé pour la semence qu'ils y jettent sans aucun discernement.

Mais lorsqu'au lieu de se payer de généralités, et que dédaignant les arguments de surface, on veut aller au fond des choses, on aperçoit bien vîte les dangers et les incohérences de toute sorte que recèle cette manière de procéder et qu'offre spécialement, dans la matière qui nous occupe, le principe de l'assimilation, surtout dans son action politique et constitutionnelle.

Peut-être même a-t-on déjà été trop loin par le passé, en créant une législation unique pour les deux colonies des Antilles et pour celle de la Réunion. Comme elles ne contiennent pas les mêmes éléments de population, cette identité de traitement n'a pas laissé que de présenter plus d'un inconvénient. Les Anglais qui, par leur sens pratique et leur expérience en fait de colonisation, sont nos maîtres dans cette partie, n'ont pas donné dans le même écart. Chaque colonie anglaise a sa constitution particulière, appropriée à son degré de civilisation et aux autres circonstances locales ; cette diversité se rencontre jusque dans les îles d'un même archipel. A plus forte raison, les colonies anglaises sont-elles régies par une tout autre législation que celle de leur métropole. Là, c'est le système de l'autonomie coloniale qui est la règle absolue, et toute idée d'assimilation y est rejetée.

Et vraiment, quand l'on considère de quels éléments disparates est formée une société coloniale, et combien peu ces éléments ressemblent à ceux dont se composent les populations européennes, combien enfin diffèrent entre eux les milieux dans lesquels se meuvent les unes et les autres, on est tenté de regarder comme un rêve les tentatives d'assimilation et les arguments invoqués pour les faire accepter.

Les faits et les réflexions qui vont suivre en feront justice complète. Nous devons toutefois avertir le lecteur qu'ils concernent particulièrement les îles des Antilles, et que, sans être étrangers aux autres possessions françaises, ils leur sont moins rigoureusement applicables. Ce travail serait trop long si l'on voulait y comprendre l'ethnographie si variée de nos différentes colonies.

L'esclavage a été aboli sur tous les points de notre territoire extra-continental, et sous aucun prétexte, malgré même la redoutable concurrence des pays qui le conservent encore, on ne saurait songer à rétablir cette institution antichrétienne. Mais l'affranchissement des esclaves et leur admission immédiate dans la famille civile française n'ont pas supprimé la disparité des deux races (européenne et ouest-africaine) qui peuplent les colonies, races qui sont aussi séparées l'une de l'autre par le fond que par la forme, et dont le rapprochement — quand il a lieu — donne naissance à une troisième classe qui oscille entre ses deux sources, participant plus ou moins de l'une ou de l'autre, ne subsistant qu'à l'aide de nouveaux mélanges, et qui, au lieu de l'atténuer, augmente plutôt l'antagonisme des couleurs, c'est-à-dire le défaut de sympathie, de confiance et de concorde, nécessaires à la fusion de ces trois groupes.

On dit que c'est là un préjugé ; que tous les hommes sont égaux ou appelés à le devenir. Sans contester d'une manière absolue cette affirmation, qui n'est rien moins que certaine, on est autorisé à répondre que le préjugé n'est pas près de disparaître, et que, pour longtemps encore, il faudra le prendre en sérieuse considération, ainsi que les faits sur lesquels il s'appuye. On ne peut pas omettre à ce propos de rappeler les étranges révélations de l'état civil colonial, d'après lesquelles les quatre cinquièmes des enfants naissent hors mariage.

Et les milieux, quelle n'est pas leur influence sur les situations respectives de ces races vis-à-vis les unes des autres? Et combien en même temps les conditions, tant matérielles que morales de l'existence aux colonies sont éloignées de celles que l'on trouve sur le continent français ! La différence est aussi grande que la distance géographique.

Dans nos principales colonies, la chaleur qui règne toute l'année, malgré la longueur des nuits à peu près égale à celle des jours, atteint et dépasse même le degré le plus élevé de la température européenne en été. L'ardeur du soleil est telle que le travail des champs est complètement interdit aux Européens. Et comme, en vertu d'une loi dont les effets sont sûrs, quoique lents à se produire, la propriété du sol finit ordinairement par échapper à ceux qui ne le cultivent pas, les blancs se trouvent, par la force des choses, dans un état d'infériorité relative vis-à-vis des créoles de couleur, et seront ainsi fatalement opprimés par le système de l'assimilation, c'est-à-dire par l'application, à ces pays exceptionnels, de la législation française, qui ne reconnaît d'autre cause de prépondérance

que le nombre, et qui suppose une égalité
virtuelle entre tous ceux qui lui obéissent.

Non! il n'y aura plus à espérer ni l'ordre, ni la paix, ni le travail régulier aux
colonies, si on leur donne l'organisation
politique et administrative d'une contrée
dont les populations homogènes sont aptes
à supporter l'essor, varié à l'infini, des ri-
valités individuelles.

Ajoutons encore que ces îles, qui ont,
pour la plupart, l'importance d'un arron-
dissement, sont isolées, qu'elles vivent
concentrées sur elles-mêmes, ne commu-
niquant et ne recevant que de faibles et
rares rayons de cette solidarité qu'engen-
drent, entre toutes les parties de la France
continentale, la juxta-position, la commu-
nauté d'intérêts et de sentiments. Il n'y
existe ainsi — et c'est là un grand péril —
il n'y existe point de contrepoids aux éga-
rements de l'opinion publique, qui y est
plus qu'ailleurs ondoyante et vive dans ses
mouvements, en sorte que les écarts les
plus regrettables s'y produisent avec la
plus grande facilité.

Par l'effet de ces diverses circonstances,
la race blanche, si elle ne trouve dans la
législation ni point d'appui, ni moyen de
résistance, se verra peu à peu contrainte à
abandonner les colonies. Déjà elle n'y compte plus, dans la population, que pour un
quinzième à peine ; cette proportion même
tend à décroître sensiblement. Les anciens
colons, ces hardis fondateurs de la |civili-
sation et de la prospérité de ces terres fer-
tiles, et leurs successeurs, diminuent tous
les jours, à mesure et suivant qu'on s'éloi-
gne davantage des conditions primitives
de leur établissement. Le partage des biens,
la loi hypothécaire et diverses autres dispositions du Code civil, l'affranchissement

des esclaves et la concurrence du sucre de betterave leur avaient porté un coup terrible, contre lequel ils commencent à réagir heureusement par l'association industrielle, soit par la création d'usines centrales soit par la transformation, industrielle aussi, de leurs habitations. Mais la décroissance de la population blanche n'en reste pas moins comme un fait menaçant dont il faut arrêter le développement; car en disparaissant des colonies, elle y laissera derrière elle l'état social d'Haïti et de Santo-Domingo.

Et alors les colonies seront perdues pour leur métropole, perdues pour le commerce et pour la marine, perdues parce qu'elles ne produiront plus rien pour l'exportation. L'Africain, en effet, ne travaille généralement qu'en vue des besoins du présent, et, dans les zones tropicales, les besoins se réduisent pour lui à fort peu de choses. Une hutte de bambous ou une case en planches, entourée de quelques plantes vivrières; voilà le cercle de son activité. La grande culture de la canne à sucre, celles même moins importantes, mais qui exigent de la continuité dans les soins ou des préparations industrielles, seront totalement abandonnées, ou tout au moins leurs produits ne dépasseront pas la limite de la consommation locale. On ne verra plus ces cultures qui demandent des avances considérables pour la faisance-valoir, une exploitation sur une large échelle, une administration agricole et commerciale, en un mot. Les blancs seuls, en général, ont l'aptitude voulue pour un tel programme, parce que, sentant mieux la nécessité du travail, ils possèdent le génie de ses formes multiples, de ses ressources et de ses difficultés.

Nous avons ainsi démontré suffisamment que si on persiste à vouloir donner à la France et à ses colonies la même constitution politique et le même droit administratif, non-seulement on foulera aux pieds la logique, mais encore on compromettra gravement le sort des intérêts engagés dans cette question.

Une autonomie sagement réglementée, suivant les bases que nous exposerons prochainement, sera donc la meilleure sauvegarde de ces intérêts. En ajoutant quelques mots sur le rôle de l'administration métropolitaine des colonies, nous aurons effleuré la série des aperçus que nous avons jugé à propos de signaler à la sollicitude de qui de droit.

En politique et en administration, il faut se défier de la mobilité et des révolutions.

Le progrès n'est sûrement acquis que lorsqu'il s'est opéré lentement, en s'appuyant sur l'expérience. Les réformes elles-mêmes, quelque séduisantes qu'elles apparaissent, ne doivent être tentées que si elles répondent à un besoin évident, ou qu'elles visent à la suppression d'un abus bien reconnu et vivement ressenti.

Loin de respecter ces sages maximes, la Convention, le Gouvernement provisoire de 1848, et tout récemment celui de la défense nationale, ont brusquement étendu aux colonies le régime politique de la France continentale. Les deux premiers essais ont donné des fruits amers, et chaque fois il a fallu revenir en arrière et faire des lois particulières pour ces pays exceptionnels. Il est à peu près certain que la troisième épreuve aura le même sort.

En revanche, les pouvoirs réparateurs qui ont succédé aux crises révolutionnaires de la fin du dernier siècle et de la moitié du siècle actuel, avaient établi dans nos colonies une législation spéciale qui, s'améliorant progressivement, donnait à la fois satisfaction au présent et confiance dans l'avenir.

Les deux empires et les deux royautés intermédiaires avaient apporté successivement leur tribut à cette œuvre législative, malheureusement bouleversée de nouveau par la dictature du 4 septembre.

On était parvenu ainsi à introduire dans les colonies la législation civile et judiciaire métropolitaine à peu près tout entière. L'organisation administrative n'avait subi d'autres modifications que celles que rendaient nécessaires certaines circonstances locales ; la décentralisation y était même beaucoup plus avancée qu'en France.

En effet, chaque colonie, outre sa division en communes administrées par des conseils jouissant des attributions municipales ordinaires, chaque colonie avait un conseil général, véritable parlement, qui disposait presque souverainement des recettes coloniales et qui en réglait les dépenses avec la même autorité. Son pouvoir, qui le rendait maître des impôts et par là des questions de douanes et d'octroi de mer, ne subissait qu'un contrôle plutôt de forme que de fond, puisqu'il n'avait d'autre objet que de faire respecter la loi de compétence du conseil général. La métropole restait chargée des dépenses qui relèvent directement du droit de souveraineté, c'est-à-dire du traitement du gouverneur, de l'entretien des troupes, du service du payeur général et du personnel de la justice et des cultes, etc. De plus, une subvention était accordée aux colonies qui manquaient des ressources nécessaires à leurs dépenses propres.

Le pouvoir exécutif était confié à un gouverneur assisté d'un conseil privé. Outre la mission d'exécuter les délibérations du conseil général, le gouverneur jouissait de l'autorité suffisante pour défendre l'ordre public, pour rendre certaines décisions de police locale et maritime, et pour statuer sur diverses matières en cas d'urgence ou autrement.

Toute cette organisation, qui n'est ici qu'esquissée à grands traits, avait été réglementée, dans ses détails essentiels, par les ordonnances royales de 1827 et 1833, ainsi que par les sénatus-consultes de 1854 et 1866.

C'était de l'autonomie parfaitement entendue, une heureuse conciliation entre ce système et celui de l'assimilation ; si bien que nos trois anciennes colonies — auxquelles il est principalement fait allusion dans ce travail — n'avaient rien à envier ni à leur métropole, ni même, comme on va le voir bientôt, aux colonies anglaises placées dans les mêmes conditions.

A la vérité, elles ne jouissaient pas des libertés politiques qu'on regarde comme nécessaires dans un pays démocratique ; sous ce rapport, elles n'étaient même point traitées comme la France impériale, avec laquelle elles n'avaient de commun que la législation sur la presse.

Ainsi, le droit d'élection par le suffrage universel ou par le suffrage restreint n'y était point admis. Les conseillers communaux, ainsi que les maires, étaient nommés par le gouverneur, qui nommait également la moitié des membres du conseil général. Quant à l'autre moitié, leur nomination appartenait aux conseillers municipaux, groupés en colléges électoraux. Le conseil général comptait vingt-quatre membres.

Le chef de la colonie en était le grand électeur. Il avait, à ce point de vue, un immense pouvoir, et, en l'exerçant, il assumait la responsabilité de la bonne ou de la mauvaise composition des corps administratifs de la colonie, opération si difficile et si délicate toujours, mais surtout quand les choix doivent porter sur des éléments sans homogénéité, et qui cependant ont droit à être tous convenablement représentés. Aussi, les gouverneurs n'étaient-ils pas généralement des premiers venus, et, généralement aussi, quand ils réussissaient dans leur tâche, étaient-ils hautement appréciés et récompensés par le ministre de de la marine.

Le conseil général nommait un délégué à Paris, chargé de défendre les intérêts de la colonie auprès du comité consultatif qui siégeait au ministère de la marine, et qui, par ses délibérations, préparait les éléments des décisions, soit de l'administration, soit du Corps législatif et du Sénat, dans les matières coloniales afférentes à la compétence de chacun de ces pouvoirs.

Il y avait sans doute, dans ce système, ample sujet de plaintes et de revendications pour le libéralisme politique, et cependant, après les plus consciencieuses études, après avoir pris l'avis des conseils généraux et des autorités locales, le gouvernement n'avait pas cru jusqu'ici pouvoir modifier un état de choses, qui produisait d'ailleurs des résultats satisfaisants. En matière de colonisation, il ne s'agit pas de faire de la politique plus ou moins libérale, on y rencontre des nécessités auxquelles la prudence ne permet pas de se soustraire. *Salus populi, suprema lex !...*

Les Anglais l'ont bien compris ainsi, et

leur exemple est bon à citer, soit pour justifier la loi coloniale française, soit pour offrir une consolation aux esprits libéraux qui, en France et aux colonies, ne pourraient pas en prendre leur parti.

La Jamaïque et la Barbade sont administrées par un gouverneur, assisté d'un conseil privé et d'un conseil législatif, dont les membres, au nombre de trente-deux, sont nommés à vie par la couronne.

A la Trinidad, il y a un conseil exécutif et un conseil législatif. Le premier est formé exclusivement de fonctionnaires de la colonie, et le second est composé en partie avec d'autres fonctionnaires, et, pour le surplus, avec des membres non officiels mais choisis par le gouverneur et nommés par la couronne. Voilà pour les Antilles anglaises.

Il en est de même à Maurice, colonie voisine de la Réunion, de même qu'à la Trinidad.

Il ne faut pas désespérer de l'avenir; mais pour les hommes qui ont vu de près les colonies, qui connaissent ainsi le degré de civilisation politique auquel atteignent aujourd'hui ceux de leurs habitants, qui forment l'immense majorité, il n'est pas douteux que le droit de suffrage est une arme dont ces derniers ne sauront pas faire un bon usage.

Le suffrage restreint rencontrerait, dans l'application, des difficultés équivalant à une impossibilité pratique. Il a été essayé autrefois, en vertu d'une loi du 24 avril 1833; comme c'était avant l'abolition de l'esclavage, cette épreuve ne prouve rien pour l'état actuel, et, d'ailleurs, on ne pourrait pas la renouveler à l'heure présente, surtout pour l'élection de députés. On ne contenterait personne.

Le suffrage universel, tel qu'il existe en France, aurait pour résultat d'écarter les blancs de l'administration, et, par suite, de les exclure plus ou moins prochainement des colonies. Les récentes élections ne démentent point cette prédiction, au contraire; car si, d'un côté, elles ont mis les affaires locales entre les mains des hommes de couleur, d'autre part, il ne s'est présenté au scrutin politique qu'un très petit nombre d'électeurs, à peine le cinquième. L'avenir reste ainsi avec toutes ses incertitudes et ses menaces.

Peut-être cependant y aurait-il un tempérament à adopter; peut-être pourrait-on conserver le suffrage universel, en restreignant son rôle à l'élection des conseillers municipaux qui nommeraient ensuite les membres du conseil général, à la condition encore d'exiger, pour l'électeur et pour l'élu, en matière municipale, les vingt-cinq ans d'âge déjà nécessaires pour l'éligibilité au conseil général et à la députation. La fixation de cet âge, qui constituait chez les Romains la grande majorité, devrait même être admise en France pour la majorité politique. Les listes électorales de tous les degrés seraient ainsi débarrassées de leurs éléments les plus dangereux ; et sans violer en rien le principe du suffrage universel, on en rectifierait l'application de la manière la plus heureuse et la plus efficace. C'est à cette réforme que la France devra se décider, si elle veut sauver le suffrage universel.

Pour en revenir aux colonies, y faire plus que la combinaison éventuelle ci-dessus indiquée serait une témérité. Il y a deux ans à peine qu'elle a été proposée au ministre de la marine, qui, de son côté, désirait faire prévaloir un système de suffrage restreint par le cens et autres bases compliquées; et le ministre d'alors, et la majorité des membres du comité consultatif des colonies trouvèrent ce contre-projet trop libéral et trop dangereux!...

Quant au mandat des députés coloniaux à l'Assemblée nationale, nous en avons dit toute notre pensée dans un passage précédent; nous croyons qu'à moins que l'on n'en vienne à l'assimilation organique complète, ce mandat ne sera qu'une sinécure qui profitera seulement à la vanité. « Tout petit prince a des ambassadeurs. »

Vanité pour les électeurs, vanité pour les élus; avoir des représentants tout comme les autres parties du territoire français, siéger au parlement métropolitain, quel honneur! et en même temps quel stimulant pour la revendication des libertés politiques!

Et enfin, la liberté de la presse, lorsqu'elle a été rendue à la France, fallait-il l'étendre aux colonies? Le gouvernement impérial ne l'avait pas jugé convenable; les hommes qui l'ont renversé ont imité son exemple, et en cela ils ont tous fait preuve de sagesse. Rien n'est inflammable comme les imaginations et les passions créoles. Le fait y suit la pensée comme le tonnerre suit l'éclair. Une brochure, un article de journal suffisent pour amener les plus grands désordres. Cela s'est vu plus d'une fois, et tout récemment le gouverneur de la Martinique a dû expulser de la colonie, comme dangereux pour l'ordre public, un écrivain dont il n'avait pu arrêter autrement les écarts de la plume, quoiqu'étant armé à cet effet d'une législation analogue à celle du décret du 17 février 1852. Dans ces territoires isolés au milieu des mers, l'ordre public réclame une protection exceptionnelle contre les excitations de la presse, protection qui ne peut s'exercer que par le maintien d'un pouvoir préventif et discrétionnaire.

Deux gouvernements de principes bien opposés ont reconnu cette nécessité; c'est donc une question jugée : les colonies ne sont pas mûres pour la liberté de la presse. Mais, ainsi qu'on l'a proclamé de haut et souvent, toutes les libertés sont solidaires entre elles et, dès lors, comment a-t-on pu concéder l'usage du droit de suffrage et toutes les libertés électorales à une population qui ne peut, de l'avis de tous, supporter la libre discussion des idées? C'est là un argument irréfutable pour l'école libérale, puisé qu'il est dans son propre bagage.

Donc, dans l'intérêt des colonies, dans l'intérêt de la France, il faut se garder de pousser l'assimilation jusque sur le terrain politique : il faut à celles-là une législation spéciale, telle que la commandent les différences de race et de climat, les diversités des caractères et des impressions.

Répétons-le encore une fois : une autonomie sagement ordonnée, et, dans ce but, le retour aux bases essentielles posées dans les sénatus-consultes de 1854 et de 1866, ou bien l'essai du système de suffrage universel que nous avons indiqué tout à l'heure, voilà ce que doit à ces pays si intéressants à tant de titres le pouvoir législatif, qui a la mission de réorganiser la France en réagissant contre les erreurs du gouvernement du 4 septembre.

Et le pouvoir exécutif, représenté en cette partie par le ministre de la marine, que leur doit-il, que peut-il faire pour les colonies ? Il peut beaucoup, il peut tout, et quelle que soit la constitution coloniale à venir, il en corrigera les défectuosités dans la pratique, à la seule condition d'apporter le plus grand soin dans le choix des fonctionnaires qu'il chargera des divers détails de l'administration, au loin ou dans ses bureaux.

Les ministres en général échouent souvent dans le choix de leurs subordonnés, parce qu'ils oublient trop que les places ne sont pas faites pour le bonheur des titulaires, tandis qu'ils devraient, au contraire, se préoccuper exclusivement de savoir si le candidat convient à l'emploi auquel on le destine. Cet écueil est plus dangereux pour le département de la marine que pour tout autre, parce qu'il agit dans une sphère spéciale, fermée, pour ainsi dire, au contrôle de l'opinion publique, ce qui fait qu'il a plus particulièrement besoin d'hommes d'élite, d'hommes dont le travail soit, plus qu'ailleurs, éclairé et consciencieux.

Pour les nominations à faire dans le cadre colonial, comme les services de cette espèce sont bien rétribués, le ministère de la marine, s'il y met un peu de discernement et de bonne volonté, ne sera pas embarrassé pour trouver des sujets de mérite.

Mais il y a un chapitre spécial à ouvrir pour le chef de la colonie. Il sera, en effet, toujours vrai de dire : Tant vaut le gouverneur, tant vaut la colonie. En d'autres termes, toutes les fois qu'une colonie marche bien, c'est qu'on lui a donné un gouverneur fait pour cette haute et importante fonction. Si les affaires d'une colonie vont mal, au contraire, c'est qu'on a mis à sa tête un homme auquel la position convenait sans doute, mais à l'égard duquel on n'a point examiné s'il remplissait les conditions nécessaires. La réflexion vient à l'appui de cet enseignement de l'expérience.

Le gouverneur est investi d'une grande autorité, sa situation l'exige. Il a le prestige inhérent à son mandat de représentant de l'autorité métropolitaine; il est le trait d'union entre les différentes classes de la société créole, le modérateur de leurs divisions; il personnifie pour elles la justice et la protection ; si bien qu'il est naturellament en possession de la sympathie et de la déférence publiques, et qu'il jouit d'une influence et d'un crédit qui lui permettent de diriger les esprits.

Voilà sans doute de précieux avantages, mais ils ne serviraient de rien à un gouverneur qui ne posséderait pas certaines qualités essentielles, comme, par exemple, la science du cœur humain et l'art de manier les hommes, deux choses qui ne s'acquièrent que par une longue fréquentation de la société, jointe à un sens droit et à une grande pénétration. Un gouverneur doit en outre connaître suffisamment l'administration, c'est-à-dire être à même, par les études variées et par l'universalité des tendances de son esprit, à même d'exercer un contrôle effectif sur les chefs de service placés sous ses ordres. Sinon, il reste plus ou moins dans leur dépendance, et alors son prestige s'affaiblit et sa mission est compromise. Le premier et le plus indispensable élément de succès pour un gouverneur, c'est d'être, à la tête de l'administration, un chef véritable, se rendant personnellement compte de tout, et ne livrant sa signature qu'à bon escient. Il doit rester le maître et le paraître.

Mais, dira-t-on, on exclut, par de telles exigences, les hommes qui ont consacré leur vie à une carrière spéciale, comme l'armée et la marine, et, cependant, jusqu'à ces dernières années, c'est dans l'état militaire que se sont recrutés les chefs de nos établissements d'outre-mer, et il s'en est rencontré plus d'un à la hauteur de ce poste difficile.

Une semblable exclusion — surtout érigée en principe — est loin de notre pensée. Nous croyons, au contraire, qu'on peut fort bien trouver sous l'épaulette des hommes ayant l'aptitude nécessaire ; mais nous ajouterons que l'exemple du passé n'est pas absolument concluant, et que même, par l'effet des changements survenus au cours des temps, le gouvernement des colonies appartient davantage maintenant au domaine de l'administration civile. Ce sera l'honneur du ministère de M. le marquis de Chasseloup-Laubat de l'avoir reconnu et mis en pratique.

Par contre, nous n'admettons pas non plus qu'un chef étranger à l'art militaire offrirait moins de garanties pour l'ordre matériel. Gouverner, c'est prévenir plus encore que réprimer, et le frac n'exclut ni la prévoyance ni la fermeté.

Enfin, au-dessus des administrations locales, éparpillées dans nos diverses possessions lointaines, il y a au ministère de la marine un service chargé de les aider, diriger et surveiller incessamment : la direction des colonies. Pour bien remplir son rôle, ce service devra joindre à la capacité administrative générale, au zèle intelligent qui est de tradition dans l'administration supérieure française, il devra y joindre, au moins dans son personnel le plus élevé, non pas seulement cette connaissance théorique des affaires coloniales qui s'apprend dans la familiarité des dossiers, mais bien celle plus pratique que l'on ne possède qu'à la suite d'études faites sur les lieux mêmes. Autrement, la direction des colonies n'a pas de raison d'être, et sa besogne pourrait aussi bien se faire en la répartissant entre les divers autres ministères.

Il faut savoir se borner et se résigner à ne pas épuiser un sujet qui demanderait un volume. D'ailleurs nous nous consolons de notre insuffisance avec la pensée qu'il y sera suppléé par la haute intelligence de l'éminent amiral auquel est confié aujourd'hui le portefeuille de la marine et des colonies. Nous ne pouvons désirer un autre et meilleur juge que lui, non pas tant en raison de la supériorité dont témoigne sa carrière tout entière et de l'illustration qu'il s'est acquise dans nos récentes guerres, mais plutôt parce qu'il est créole, et que personne ne peut se flatter de connaître et de servir mieux les intérêts des colonies que leurs propres enfants.

Paris.— Imprimerie SERRIERE, rue Montmartre, 123.